I0214018

Mi papá
me corta
el pelo

by
Jason Biggs

Illustrated by
Christina Rudenko

In his debut as an author, my friend Jason Biggs
wrote this amazing book titled, "My Daddy Cuts My Hair."
This book is based off of real life experience,
describing what it's like to be a young boy
getting their first haircut.
For so many young boys,
getting their first haircut is a big deal,
it's even more special
when their dad is the one creating this first memory.

Congratulations on publishing your first book, Jason.
I wish you many blessings and much continued success.

Dontay Stevenson

Dedicado a mi hijo Eli

¡Hola,
me llama
Eli.

¡Y este es mi papá.

¡y este es mi pelo.

Mi padre es barbero,
un barbero es alguien que
se corta el pelo.

A veces veo
a mi papá afeitarse
y cortarse el pelo.

Un día
mi padre dijo
que me cortaría el pelo...

Para hacerme sentir mejor,
mi padre me trajo
mi propio juego de herramientas para
que no me asuste.

¡No está tan mal.

¡Y finalmente llegó el día, tiempo de cortarme el pelo.

¡Es hora de ver mi nuevo pelo.

¡Mi nuevo cabello es increíble.

¡Me encanta cuando mi papá me corta el pelo.

Baby's first haircut

Date: _____

Pic:

The END

¡El vínculo que se comparte
comienza con el cabello!
Un primer corte de pelo para niños
siempre es una experiencia preciosa.
¡Este libro fue hecho para que
los padres facilitaran
que sus hijos no temieran por primera vez

www.ingramcontent.com/pod-product-compliance
Lightning Source LLC
Chambersburg PA
CBHW040253100426
42811CB00011B/1250